# Cantares do Brasil

J. S. Negreiros Athayde

# Cantares do Brasil

*(um poema)*

© João Baptista de Souza Negreiros Athayde, 2024
Todos os direitos desta edição reservados à Editora Labrador.

Coordenação editorial Pamela J. Oliveira
Assistência editorial Leticia Oliveira, Vanessa Nagayoshi
Direção de arte e Capa Amanda Chagas
Projeto gráfico e diagramação Marina Fodra
Revisão Cris Negrão
Imagens de miolo Freepik, WikiCommons, Rare Gallery

Dados Internacionais de Catalogação na Publicação (CIP)
Jéssica de Oliveira Molinari - CRB-8/9852

---

Athayde, João Baptista de Souza Negreiros
   Cantares do Brasil (um poema)
João Baptista de Souza Negreiros Athayde.
São Paulo : Labrador, 2024.
54 p. : il., color.

ISBN 978-65-5625-676-4

1. Poesia brasileira I. Título

24-3783                                           CDD B869.1

---

Índice para catálogo sistemático:
1. Poesia brasileira

## Labrador

Diretor-geral Daniel Pinsky
Rua Dr. José Elias, 520, sala 1
Alto da Lapa | 05083-030 | São Paulo | SP
contato@editoralabrador.com.br | (11) 3641-7446
editoralabrador.com.br

A reprodução de qualquer parte desta obra é ilegal e configura
uma apropriação indevida dos direitos intelectuais e patrimoniais
do autor. A editora não é responsável pelo conteúdo deste livro.
Esta é uma obra de poesia. Apenas o autor pode ser
responsabilizado pelos juízos emitidos.

*Só há uma contradição maior
que negar a democracia aos
antidemocráticos:
aceitar que estes acabem
democraticamente com aquela.*

**(J. Wagensberg)**

# Cantares do Brasil

(um poema)

Conheço o Athayde pela seriedade e paixão com que encara a vida profissional, observando o seu entorno social com sentimentos humanitários. Em suas escritas poéticas, ele não se prende às rimas para dar ritmo aos versos. Suas metáforas, ao contrário de intimidar a leitura, prolongam o impacto nos demais sentidos.

Na ânsia – e com talento – para identificar os trilhos que transportam o irremovível fardo dos privilégios, que dão formato à organização dos poderes públicos, ele deixa, em cada estação (que deveria inocular novos ares na política), "um grito parado no ar".

Grito que ressoa nos vales e traz uns poucos ecos de quem tem o mesmo sentimento, mas encoberto por outros que, invariavelmente, se explicam pela estratégia consolidada da "governabilidade". Essa, na verdade, é a expressão de um governo para reagir à expansão de sua crise.

Em prefácio de trabalho anterior (*Variações poéticas sobre a banalidade do mal*), o próprio autor já dizia: "Um poema não precisa de prefácio. Precisa apenas ser poema", e *Cantares do Brasil* é mais que um denso poema. É uma poesia que ressoa como chicote a açoitar a hipocrisia e a mediocridade.

A respeito disso, já deixou seu canto lírico-angustiante em versos como:

*Os que toldam seus mandatos/ com o véu da impunidade/ e barganham sua honra/ pelos brilhos da vaidade (Os caminhos da Poesia).*

Ou também em seu ensaio *Do Estado de Violência à Violência de Estado*, o autor apontava:

*Caldeirão das mediocridades (e hipocrisias), em que se realiza a espúria e escandalosa compostagem entre o público e o privado em um envergonhado e reles mecanismo de governabilidade num histórico fisiologismo que herdamos desde sempre, como um estigma num contínuo e recorrente processo onde as colunas de sustentação (Independência e República) veem-se perenemente solapadas e dilapidadas em incessante processo de desintegração.*

Os ideais, por serem visões antecipadas de um futuro desejável (utópico até), influenciam sobre a conduta e são instrumentos naturais de todo progresso humano. Os ideais orientam a experiência futura e marcam seu provável destino. Mas, é bom lembrar, sem ideais seria inexplicável a evolução humana. Não bastam ideias.

A incapacidade de ideais leva ao acolhimento da mediocridade e da hipocrisia. É o que sentimos ao saborear os nove cantos do *Cantares do Brasil*, cada qual com nove estrofes de cinco versos, percebendo a angústia do autor, como cidadão e poeta, ao cantar a falta de portadores de ideais com mentes iluminadas por ideias arejadas, para conseguir plasmar a Verdade, que a ciência busca, a Beleza, que a arte expressa, e a Virtude, que planta a Ética como a estética da ação.

E, para o autor, Verdade, Beleza e Bondade são frutos de uma inesgotável e fantástica poesia.

Por fim, um detalhe nessa estrutura dos versos, e que salta aos olhos, é a presença do quarto verso entre parênteses e o quinto iniciando com a palavra "Que".

Interessante sentir que essa arquitetura dá unidade ao longo poema, num ritmo inédito marcado por ideais estampados em desejos no "que" do último verso, em respostas aos sentires negativos aprisionados entre parênteses.

Vale notar que "Cantares" se apresenta como revelador da história de nossa pátria não de forma factual ou nominal, mas por um cuidado sensível a perscrutar, de forma crítica, como um bisturi nas entranhas dos ideários formadores de pobres ideais, que estabelecem a manutenção e a decadência do poder estatal em nosso país, desde a sua formação e, em particular, a deterioração dos ideais da Independência e da República.

Tenham certeza de desfrutar de uma boa e desafiante leitura.

*Professor Newman Ribeiro Simões*

# Sumário

| | |
|---|---|
| 14 | **Apresentação** |
| 19 | **Canto I** |
| 23 | **Canto II** |
| 27 | **Canto III** |
| 31 | **Canto IV** |
| 35 | **Canto V** |
| 39 | **Canto VI** |
| 43 | **Canto VII** |
| 47 | **Canto VIII** |
| 51 | **Canto IX** |

# Apresentação

Este trabalho que (até com certa razão) pretende-se um poema, nasceu do interesse do autor em levar a público sua visão dos fatos e ocorrências que compõem a História do Brasil, contada por tantas formas e vieses, sempre sob o prisma de cada um dos que fizeram e fazem a sua contação.

Como todo mundo, o autor também tem seu modo de ver e entender esse caminho, que é a trajetória de uma Nação.

Mais que ver e entender, também vem a necessidade de procurar compreender os "como" e os "porquês" dessa trajetória, sua localização no tempo e espaço, as causas primeiras e últimas de todos os movimentos que levaram a determinados resultados, pretendidos ou não, num dado momento histórico.

Uma nação é construída todos os dias, incessantemente, por isso alimentada sempre pelo oxigênio do *devir*.

Por tal razão, bom é que a contação da sua História tenha o descortino suficiente para reconhecer os acertos dos construtores do passado e a sensatez corajosa de formular sua visão crítica sobre os equívocos e desacertos que também deixaram sua marca nos caminhos trilhados.

Se há um *devir*, se a construção de uma nação é privilégio e dever de todas as gerações, e de cada geração a seu tempo, então, e por isso mesmo, a *visão crítica* dessa contação da História faz-se impositiva, porque seu autor também responde pelo privilégio e pelo dever de sua construção.

Tal a intenção deste poema: nos seus 405 versos dodecassílabos (ou alexandrinos?), o autor intenta um olhar sobre o contexto histórico a partir do descobrimento, tão isento quanto lhe permite a longanimidade de seu respeito aos antigos construtores, mas não tanto que lhe impeça o apontamento de tantos desaires cometidos ao passar do tempo.

Tais sucedimentos trazem seus resultados diluídos pelos cinco séculos já decorridos, expondo à geração presente a nudez dos acertos e desacertos dessa trajetória, a merecerem sempre uma análise sobre a necessidade ou não de uma correção de rumos.

Talvez mais que o teor das palavras, o poema pretende que as entrelinhas sejam a parte mais aguda do estilete da crítica que entende pertinente aos fatos referenciados, buscando provocar também no leitor um novo olhar sobre esses.

O último Canto é o testemunho da crença e da esperança do poeta de que o *devir* possa ser construído na dimensão que esta Nação merece desde sempre.

# I

O meu poema, vindo à luz em versos trôpegos
não se pretende seja só mais um poema
Sonhara ser, talvez, um canto de alegria
(uma epopeia talvez, quem sabe um hino).
Que um povo às vezes desconhece suas entranhas!

Era-lhe lícito sonhar que fosse um canto
Mas não o canto tartamudo do imbele
Mas não o canto em falsete do cinismo
(nem o grasnar envergonhado da rapina).
Que fosse o canto seminal de um novo tempo!

Sonhara as luzes da metáfora. Que o poema
desdobra-se melhor na força das imagens
elas escapam da armadilha das palavras
(e se estendem muito além de cada estrofe).
Que na metáfora melhor se forja o raio!

Nem foi por isso que meu poema tardou tanto!
Nem foi a busca angustiada da metáfora
a demorar-me em escaninhos da linguagem
(lá onde o Lácio mais declina exuberâncias).
Que o poema jamais nasce extemporâneo!

É que primeiro precisava-se entender
que um povo de verdade tem os seus cantares
de pouco lhe servindo o canto de outros povos
(povos de outros cantos não têm os meus cantares).
Que o poema é um canto de escavar fundo as raízes!

Por isso o poema se faz filho do silêncio
até que se desnude a face das verdades
que a contação da História deixa disfarçadas
(há dobras cúmplices nas páginas do tempo).
Que o poema não comunga com artimanhas!

É longa a lavra, dolorosa e solitária!
Explode um dia o poema. Estrofes em cadeia
tentam trazer à luz o avesso dos engodos
(o avesso é sempre feio, mesmo o da Beleza).
Que o poema não se nutre só do belo!

Por isso, às vezes o poema é um canto agreste
e se atreve a buscar nos vãos da História
os tantos vícios, tantas taras e demências
(todos os povos têm seu lado mais sombrio).
Que o poema quer o encontro com a verdade!

Assim este poema irá grassar no tempo
mesmo entre as névoas e a pátina da História.
Em algum ponto haverá sempre respostas
(existe sempre uma razão que explica tudo).
Que o poema busca os cantares deste povo!

# II

E tudo veio a começar quando o gajeiro
lançou da gávea o grito esperançado.
O "terra à vista" perlongou a orla extensa
(das praias alvas à preguiça dos coqueiros).
Que já os erros começaram desde os nomes!

Mais tarde viu-se que o butim era copioso
e que a terra dividida entre dois mundos
melhor ficara se esparsa entre fidalgos
(sutis pedúnculos de reis ambiciosos).
Que de bem longe era melhor sugar-lhe a seiva!

Era também preciso que este Eldorado
a salvo fosse posto da cobiça alheia.
Era preciso o domínio a qualquer custo
(índios e escravos também fazem-se soldados).
Que a matança era melhor se outros fossem!

Era preciso, sim, dos reis manter o mando
inda que terra e mesmo gente estertorassem
no pulso férreo dos reais saqueadores
(colonizar é demonstrar quem tem a força).
Que a miséria destempera quaisquer brios!

E foram séculos de suor e sangue e lágrimas
e terra e gentes misturados na voragem
a alimentar as vaidades cortesãs
(é bem custoso incensar mediocridades).
Que a demência do poder vive de afagos!

Trezentos anos de brutal asfixia!
Ideais e sonhos sufocados, natimortos
e gerações que já nasciam sem sentido
(de um povo o magma moldando-se servil).
Que os régios cetros forjam sempre a tirania!

Trezentos anos (mais) servindo-se à cobiça!
Tão rica presa a eviscerar-se lentamente
com as entranhas a nutrir o régio pasto
(ao povo ficam bem os restos do banquete).
Que o poder melhor reluz onde há miséria!

Trezentos anos de ambição desmesurada
a saciar-se de si mesma sem pudores
encastelada em suas torres cortesãs
(Cronos algoz a devorar os próprios frutos).
Que os orgasmos do poder trazem cegueira!

Mas, essas taras do poder bem que escravizam.
Nem as lições da História e nem mesmo o Tempo
dos reis puderam despertar a letargia
(Narcisos ébrios adorando a própria imagem).
Que o Tempo é mais cruel no verso dos espelhos!

# III

Mas, sob a linha do Equador brotavam sonhos
e a própria História perfilhava em outros rumos
— a gestação, quem sabe, de uma raça nova —
(bem pode ser que nova raça inda não fosse).
Que isso de raça não se sabe onde começa!

É que no extenso destas terras perlongadas
foram aos poucos comungando-se umas gentes
tão diferentes que custavam a se entender
(senhores, servos, vencedores e vencidos).
Que a coexistência sempre tem os seus mistérios!

Bem pode ser que essa mistura imponderável
viu-se possível por mercê de alguns fatores
que se perderam no desfiar de tanta História
(o sol dos trópicos talvez um deles seja).
Que não se pode descartar qualquer premissa!

Pode até ser fosse a Suprema Exuberância
— Terra Auriverde, a Fartura e o Rio-Mar —
a derramar-se em léguas tantas de sem fim
(quem sabe fora tudo isso a argamassa).
Que a mistura imponderável fermentava!

Enfim estamos que os reais conquistadores,
mesmo firmados nos tacões de seus coturnos,
a cá trouxeram ambições e talvez sonhos
(melhor pensar fossem capazes de sonhar).
Que da cobiça nem ideais ou sonhos nascem!

Deu-se no entanto que outras gentes cá estavam
há tantos séculos que de quantos ninguém sabe!
Mas eram tantos que aos milhares se contavam
(Justos Senhores da Suprema Exuberância).
Que o domínio tem na posse melhor lastro!

Outros os deuses que essas gentes adoravam
e em língua estranha transmitiam seus valores
por incontáveis gerações de pais e filhos
(e ninguém sabe onde remontam tais raízes).
Que Civilizações não há com data certa!

O que se sabe é que essas gentes milenárias
bem acolheram os estranhos viajantes
até os deixando ingressar em seus domínios
(com seus costumes, com seus deuses, seus coturnos).
Que há um quê de fatalismo nessa saga!

Por artifícios, mais que só por valentia
estranho jugo se abateu sobre essas gentes
e se renderam como fosse encantamento
(o imponderável da mistura em sua gênese?).
Que da História é o que chegou aos nossos dias!

# IV

No entanto, aqueles que calçavam seus coturnos
também trouxeram outras gentes de outras terras
que aqui chegavam de além mar — sobreviventes
(tão longa viagem em esquifes flutuantes).
Que o que sobrasse inda era prêmio à tirania!

E essas gentes de tão longe que chegavam
também trouxeram suas crenças e seus deuses
— se bem que viessem despojados de suas vidas —
(párias errantes a vagar entre dois mundos).
Que a desgraça é bem maior longe do ninho!

Trouxeram prantos e as dores do destino
e como estigma fatal a cor da pele
— diversidade que ao tirano aproveitava —
(como se a pele fosse a alma do humano).
Que do mais forte a razão domina sempre!

Já não bastassem dores tantas da desdita
súbito verem-se arrancadas de seus lares
dantesco inferno já lhes fora aqui traçado
(insontes vítimas de ardis inomináveis).
Que a escravidão lhes foi destino e foi herança!

Nem lhes foi dado trazer com sua miséria
um fio que fosse de esperança fugidia
com que pudessem suportar o jugo imundo
(não há esperança quando as almas já são mortas).
Que do mais forte a lei impera além da vida!

Mas, os milhares dessas gentes que chegaram,
se bem que fosse pra morrerem como escravos,
eram tão fortes que impuseram-se à mistura
(o imponderável se fazendo inevitável).
Que a Exuberância e o Sol dos Trópicos são cúmplices!

O Tempo havia de passar nos seus quadrantes
marcando os séculos tão lentos de suplícios
e da dor sem fim dessas gentes que chegavam
(suor e sangue a transformar a terra bruta).
Que o Tempo é sempre o pai de todas as mudanças!

E foi assim que nestas terras d'aquém-mar
mistura estranha foi aos poucos se fazendo.
Um desatino acreditar fosse possível
(tal caldeirão de diferenças misturadas).
Que o improvável sempre pode surpreender!

Será difícil afirmar sem desacerto
que foi acaso (ou destino manifesto?).
Um novo plasma a nascer dessa mistura
(da Natureza as leis serão sempre imutáveis?).
Que a própria História bem se curva aos seus ditames!

# V

Sob os dosséis azuis de luzes pontilhados
aos poucos fez-se a moldura de um colosso
entre o Atlântico e os Andes desenhado
(a febre e a morte companheiras da aventura).
Que era preciso refazer-se antigo mapa!

E deu-se então que dos contornos alongados
mais que um País — um Continente se desata
como se fora um Eldorado de riquezas
(é Mar, é Rio, é Rio-Mar, Ouro e Verdura).
Que um grande povo merecê-lo deveria!

E tal capítulo glorioso assim escrito
com sangue e luta salpicados de ambições
bem que marcou o encanto místico da saga
(era preciso cravar fundo o fio da História).
Que o futuro também nasce de heroísmos!

E tantos sóis e tantas luas se passaram
testemunhando tantos séculos, tanta lida
da massa humana que aos poucos se encontrava
(a morte sempre presidindo tais encontros).
Que sobre lápides também se escreve a História!

Mesmo entre as dores de azorragues e grilhões
e o duro mando dos cruéis conquistadores
um quê de amálgama se foi fazendo aos poucos
(eram três raças a se unirem por destino).
Que indefeso o Eldorado não seria!

É que de longe, de um mundo mais antigo,
outros olhares cobiçosos se achegavam
também querendo fazer parte da moldura
(fatalidade revolvendo estranha argila).
Que nova gente se amoldava nessas guerras!

Havia ainda de passar-se muito tempo!
O anjo da morte ainda viria tantas vezes
a repastar-se dos despojos de inocentes
(tantos sem nome a morrer na causa nobre).
Que aos anônimos não se erguem panteons!

De histórias tantas se compõe a própria História!
O sangue e os sonhos dos sem nome argamassam
a própria massa que edifica uma nação
(nem só de heróis se escreve a saga de um povo).
Que uma aquarela só se faz de muitas cores!

Se a natureza por si mesma não dá saltos
se a própria História por sua vez se faz em liames
também a humana condição não faz hiatos
*(o sentimento de um povo nasce aos poucos).*
Que nem se pode precisar quando ele nasce!

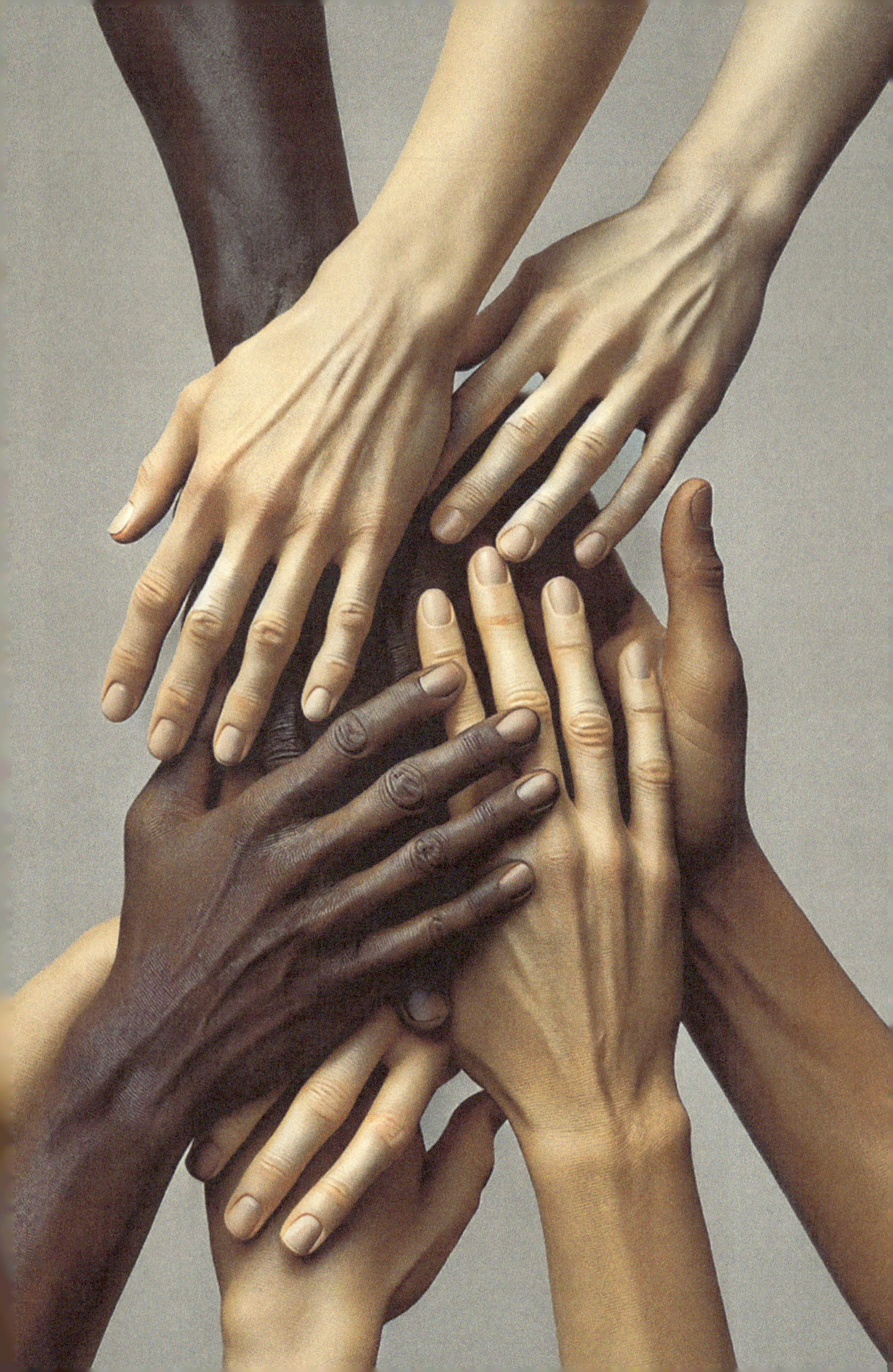

# VI

Passava o tempo e o mesmo sol dos trópicos
continuava a banhar em luz e fogo
estranho povo, singular, de origem vária
(diversidade denunciando-se na fala).
Que a língua-mãe engravidava exuberâncias!

Como será que foi possível tal mistura
se tantas eram as diferenças e as origens
cavando abismo entre essa gente assim reunida
(e como foi que finalmente se entenderam?).
Que só se pode imaginar como se deu!

Mesmo os abismos se misturam nos seus ecos!
As diferenças dessas raças tão diversas
até com sangue foram sendo desbastadas
(mas também crenças cinzelaram sentimentos).
Que o Eldorado fermentava nova gente!

Mas também deu-se por histórica ironia
o desenlace desses laços suseranos.
E o Eldorado fez-se enfim senhor de si!
(de vez quebraram-se o guante e os coturnos).
Que veio o tempo de forjar-se uma nação!

Era preciso nessas horas singulares
possantes vozes a mandar o "mãos à obra"
e a modelar um grande povo em seus contornos
(tantas arestas careciam buriladas...).
Que um grande povo sói nascer de um grande sonho!

Bem que se sabe que o sonho só não basta.
Antes do sonho há de pensar-se a arquitetura.
Hora, portanto, de erguerem-se alicerces
(não se devera permitir tantos desvãos).
Que o futuro cobra caro os desalinhos!

Por isso a terra, então já livre, fez-se o berço
dessas brasílicas feições — quase uma raça
a dominar como senhora este Eldorado
(e tudo eram horizontes de arco-íris).
Que o tempo atroz desfaz a cor das esperanças!

Parece mesmo que essa gente — embora livre
deixou-se estar — como se fora bem mais cômodo
a conviver com ideais mais que pedestres
(a tolerância casa bem com a conivência).
Que desse lodo veio à luz certo jeitinho!

No entanto, o Sol destes Trópicos Dourados
continuava a fecundar sem culpa alguma
essas feições que se firmavam como estigma
(justo por falta de um norte mais sublime).
Que ali minguaram ideais mais altanados!

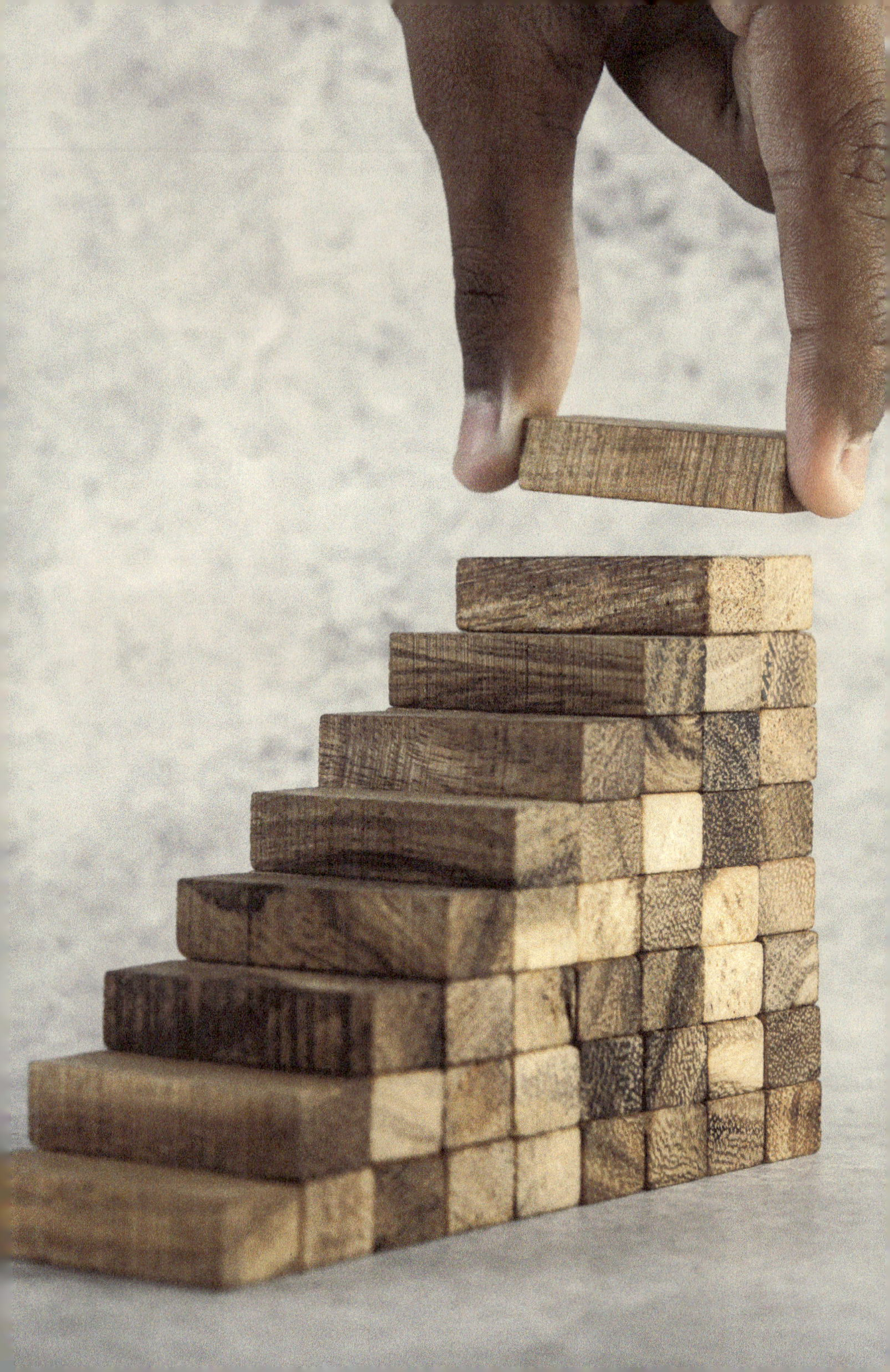

# VII

Mudaram séculos. Mudou-se tanto a História!
Nestes cantões ouro-anil grassaram sempre
uns desavisos — mais que tudo — viciosos
(certo atavismo a mesclar-se em novo gene).
Que uma vez mais foi testemunha o Sol dos Trópicos!

E a terra imensa viu-se aos poucos povoada.
Era preciso construir a nova história
de que viesse a se orgulhar futura prole
(será que o gene traz também o fatalismo?).
Que, enfim, a História se desenha passo a passo!

Nem se deverá condenar ao fogo eterno
um povo todo embriagado em tanta bênção:
!Um Eldorado exuberante como dádiva!
(quase um milagre — forjado ao som de um grito).
Que pode o êxtase não ser bom conselheiro!

A liberdade — mais das vezes — traz cegueira!
Era preciso que a gente, então, liberta
acreditasse ser possível novo rumo
(em toda crença sempre existe algo divino).
Que o futuro sempre cobra alguns contornos!

A hora, pois, era de erguer-se um novo Estado
que bem trouxesse as feições recém-nascidas
— uma nação em sua mistura imponderável —
(prouvera fosse uma lição ao Velho Mundo).
Que a humanidade careceu sempre de exemplo!

Assim o Tempo no seu longo itinerário
viu-se aprendendo a conhecer a nova gente
— tantos costumes e usos novos se formando —
(a identidade de um povo nasce lenta).
Que aí lhe cabe o traçar do seu destino!

Muito a fazer e tanto ainda a construir.
Como é difícil esboçar os tais contornos!
Também difícil o fincar dos alicerces
(inda que a massa já viesse pré-moldada).
Que uma nação sempre se faz de uma epopeia!

Por isso ainda foi preciso muita luta!
Este Eldorado-continente era tão vasto
a abrigar tantos milhares de seu povo
(tão natural que já nascessem divergências).
Que se impunha demarcar os novos rumos!

E tanta dívida havia de ser paga!
Tanta ferida a reclamar o linimento!
Tanta injustiça demandando seu reparo!
(talvez bem poucos dessem conta dessa conta).
Que um grande reino também tem suas fraquezas!

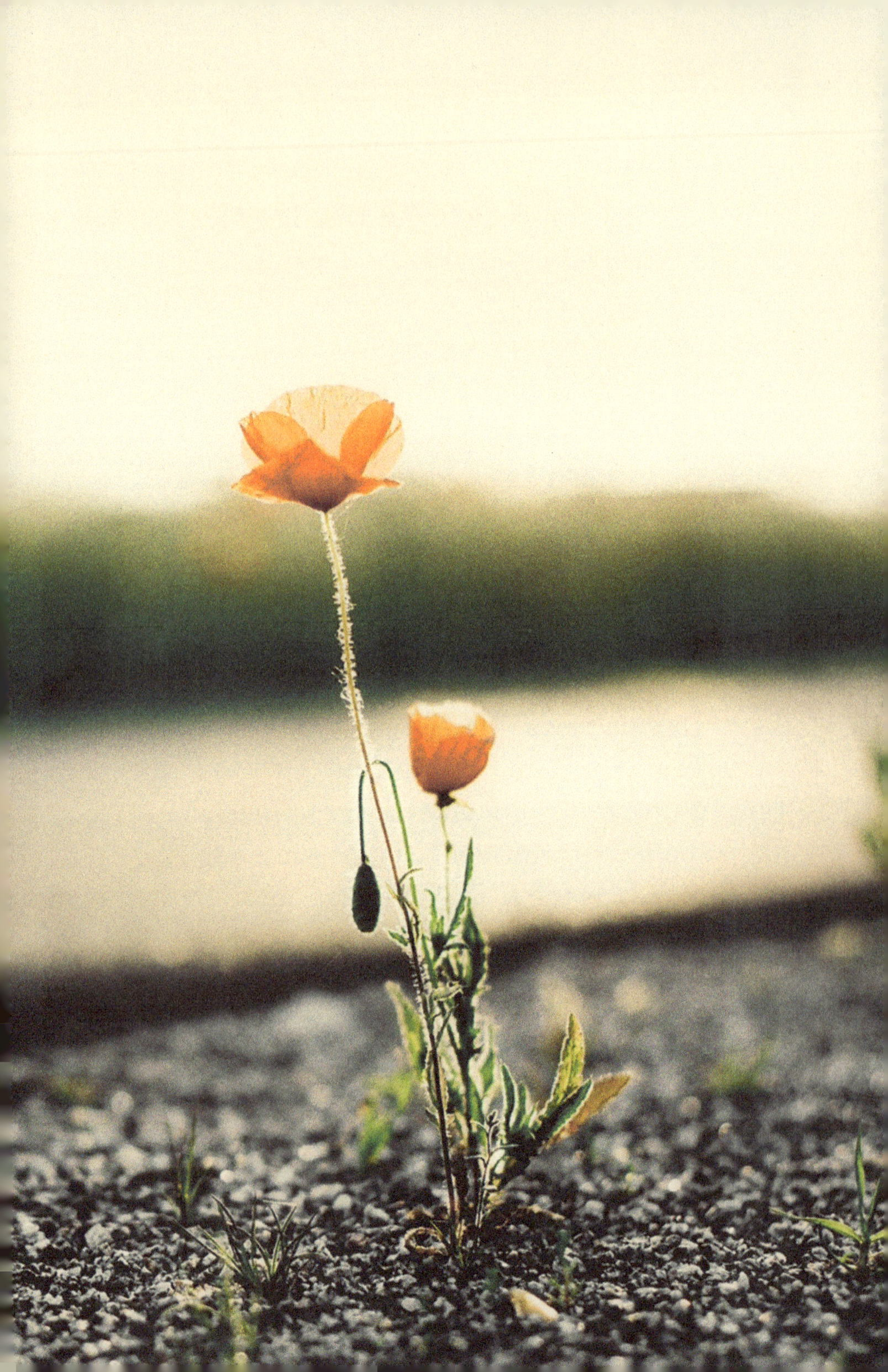

# VIII

Mas sempre a História é o repetir de mesmos fatos,
pois sobre a Terra nada novo pode haver.
Assim também se viu um reino desfazer-se
(um outro grito prenunciava a ordem nova).
Que nem o povo desconfiara do conjuro!

E novamente veio um tempo de mudanças
a reclamar a remissão de tantos erros.
Era preciso remarcar os novos rumos
(a nova chance de fazer o seu destino).
Que era o tempo de traçar veros contornos!

Entanto deu-se que essa nova arquitetura,
mesmo sonhada como fosse a redenção,
aos poucos viu-se em quasímoda figura
(o que é sonho pode dar-se em pesadelo).
Que o povo sempre acostuma-se aos engodos!

A ordem nova travestida em mil promessas!
Nada era novo que não fosse conspurcado
— a tara estranha repetindo-se no tempo —
(é tão difícil remexer-se fundamentos).
Que na moldura são mais fáceis as mudanças!

E as coisas foram, como dantes, se fazendo!
A ordem nova não trazia novidades.
Nada de novo que não fora visto antes
(o mesmo cerne onde medravam mesmas taras).
Que a redenção ficava sempre mais distante!

E sempre à frente os interesses mais pedestres!
Era mister que fossem sempre atendidos
mesmo que à força de minguar a ubre pátria
(sutil mistura entre o público e o privado).
Que um novo nome para isso foi gestado!

Enquanto toda essa caudal refestelava-se
no grande nada dos discursos mais que estéreis,
o mesmo povo caminhava a passos lentos
(a rima torta a quebrar todo o soneto).
Que a ordem nova asfixiava em seus princípios!

É tão difícil vislumbrar seja república
o que restou desse xadrez sombrio e cínico
manipulado à meia-luz de antigos vícios
(fez-se o império de uma outra tirania).
Que só a mantença do sistema é que interessa!

Entretanto, apesar de tanto engodo,
o portentoso Eldorado inda resiste
na esperança redentora de um milagre
(o amor pátrio talvez seja a fé que salva).
Que o berço esplêndido carece de socorro!

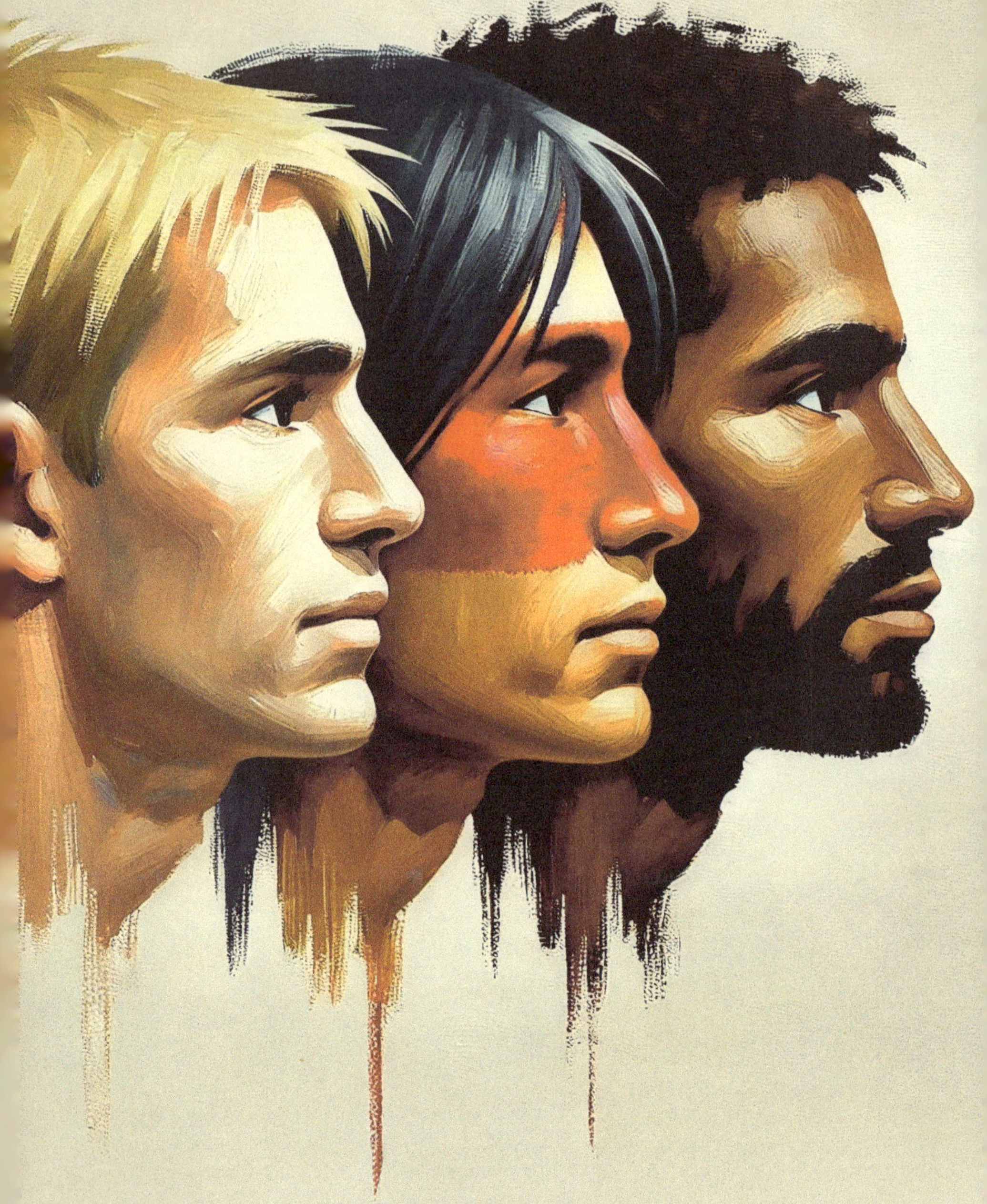

# IX

Até se sabe que essa gente brasileira
bem que se orgulha da História e seu passado
e deste imenso Paraíso a céu aberto
(também o berço de alguns tantos heróis).
Que não devera haver pudor para esse orgulho!

Por isso impende que se lance aos quatro ventos
um novo canto — que não seja só louvores —
E nem desabe em flébil jeremiada
(pois toda culpa sempre tem mais de um culpado).
Que a História — é sempre mais do que se conta!

E não nos cabe — como herdeiros desta saga
lançar apenas nosso olhar sobre o passado
buscando culpas e culpados com censura
(o sangue é o mesmo — só que em veias mais recentes).
Que desta saga sempre fomos/somos parte!

Talvez agora seja a hora — sem tardança
da remição de tanta dívida passada.
O tempo ensina a consertar os próprios erros
(sempre se pode refazer a arquitetura).
Que a construção do amanhã começa agora!

E nem importa tenha havido descaminhos
na longa marcha desta gente singular
— quase uma raça a descender de outras raças —
(também não importa que a batalha seja longa).
Que muito brio ainda existe nestas plagas!

O que importa é a releitura da História
até que assomem dessas páginas não lidas
tantas lições do que não deve repetir-se
(e venha um tempo de traçar os novos rumos).
Que uma Nação se reconstrói dia após dia!

A nossa origem tem raízes bem profundas
no raro amálgama de três povos diversos
— herdeiros vivos desse gene sem igual —
(e bem podemos vivenciar um certo orgulho).
Que o destino talvez seja o sermos únicos!

É tempo agora que um olhar de altiva crença
desenhe os novos horizontes desta terra
— este Eldorado bem merece outros caminhos —
(um grande povo sempre sabe qual seu norte).
Que brilha ainda — testemunha — o Sol dos Trópicos!

Por isso um raio de esperança inda alimenta
uma pulsão latente na alma deste povo:
!O grande Sonho Brasileiro — tão possível!
(basta sejamos do tamanho desse Sonho).
Que da História — essa é a parte que nos cabe!

# FIM
(8/8/2017)

FONTE URW Antiqua
PAPEL Pólen Natural 80g/m²
IMPRESSÃO Meta